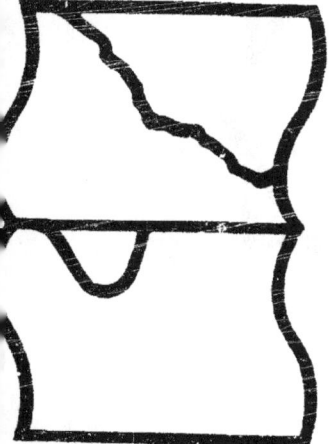

Texte détérioré — reliure défectueuse
NF Z 43-120-11

Contraste insuffisant
NF Z 43-120-14

Illisibilité partielle

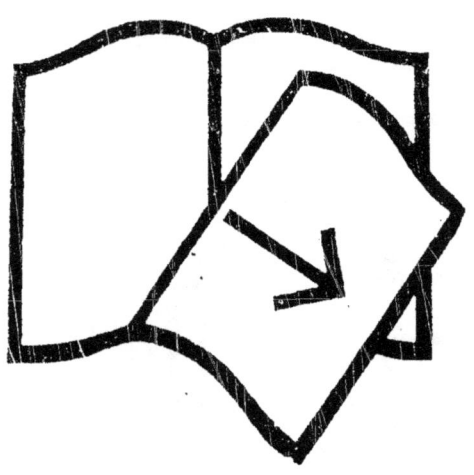

Couvertures supérieure et inférieure manquantes

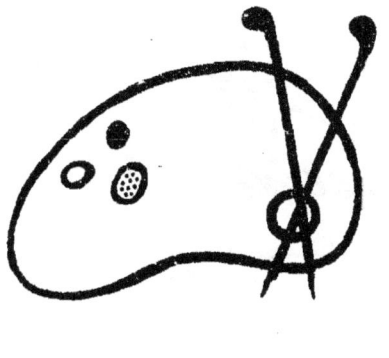

Original en couleur
NF Z 43-120-8

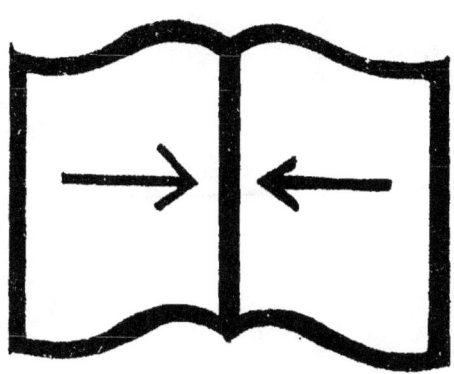

RELIURE SERREE
Absence de marges
intérieures

Quantin

Les Croisés
de la Basse Bourgogne
en Terre-Sainte

Extr. des Mémoires de la Société de l'Yonne, 1853.

1853

LES CROISÉS

DE LA BASSE-BOURGOGNE

EN TERRE-SAINTE

Dieu le veut! Dieu le veut! Quel est ce cri répété de toutes parts à la voix des prédicateurs de la Croisade contre les Infidèles? Quel sentiment pousse ainsi les nobles guerriers, les pauvres serfs, les femmes même à traverser les mers pour aller au secours des Chrétiens d'Orient opprimés par les Sarrasins? C'est la foi, c'est l'amour de frères malheureux, c'est l'espoir de voir le tombeau du Christ et les lieux où il a souffert pour l'humanité.

A peine l'Occident a-t-il échappé aux terreurs dont le menaçait l'an mil, qu'il tourne avec amour ses regards vers l'Orient. La voix de Pierre l'Ermite, racontant les misères des Chrétiens de ce pays au concile de Clermont, transporte de zèle ses auditeurs, et bientôt une levée de boucliers a lieu contre les Sarrasins.

Ce n'était pas la première tentative de l'Eglise pour appeler les peuples jeunes de la France et de la Germanie à repousser l'islamisme, mais jusque-là les temps n'étaient pas mûrs. Depuis longtemps l'Orient, cette terre des merveilles, avait attiré les pèlerins de nos contrées. Charlemagne et Louis-le-Débonnaire encourageaient spécialement ces voyages et accordaient des priviléges aux pèlerins pour protéger leur marche. On ne saurait croire aujourd'hui combien étaient fréquentes, dans ces temps reculés, les relations avec la Terre-Sainte. On a peut-être exagéré l'influence de l'Orient sur nos ancêtres aux xi⁰ et xii⁰ siècles ; mais cependant elle fut réelle, et au contact de cette civilisation brillante quoique éphémère que les califes répandirent alors sur leur empire, les rudes pèlerins de l'Ouest s'adoucirent et apprirent qu'il y avait quelque chose de mieux au monde que leurs rustiques maisons et leurs grossières allures.

Mais ne sortons pas de nos pays.

Dès le iv⁰ siècle, un évêque de Sens, exilé par l'empereur Constance, avait visité l'Orient (1). Hugues de Chalon, évêque d'Auxerre, adorait le tombeau du Sauveur, en 1036. Humbaud, l'un de ses successeurs, périt en mer en revenant de Terre-Sainte, en 1114. Des chanoines de cette église suivaient ces pieux modèles, et racontaient au retour du voyage les choses qu'ils avaient vues ; ou bien, si moins heureux ils mouraient en route, leur souvenir, perpétué sur les Nécrologes (2), rappelait leur pèlerinage et entretenait la foi et le désir de mériter le ciel en les imitant.

C'est Léger, le chanoine, qui périt en mer le 25 mai. C'est le prévôt Hugues qui meurt en chemin ; c'est Ebrard, sous-diacre, qui reçoit la sépulture à Acon en Syrie (3), etc.

La première Croisade (1096) avait entraîné tout d'abord une foule innombrable et désordonnée. La foi enflammait les Croisés ; et l'on vit même des femmes et des enfants suivre leurs proches dans cette marche qu'on croyait devoir être triomphale.

---

(1) Saint Ursicin, en 355.
(2) Obituaire de la cathédrale d'Auxerre. Lebeuf, Preuves.
(3) Acre.

Les chroniqueurs du temps, animés comme tout le monde d'un enthousiasme sans égal, célèbrent les merveilles du voyage. Les seigneurs vendaient leurs terres pour s'armer convenablement et pour nourrir leurs vassaux. Ils marchaient avec un équipage complet, précédés d'une meute, et portaient le faucon sur le poing (1).

C'était déjà de la *furia francese;* mais hélas! les revers furent proches. Pierre l'Ermite et Gauthier-sans-Argent, les deux chefs inexpérimentés de cette avant-garde de l'Occident, la conduisirent à travers l'Allemagne et la Hongrie jusqu'à Constantinople, au milieu de peuples hostiles et que les Croisés ne ménageaient guère. Ils passèrent le Bosphore, et la bataille de Nicée fut leur tombeau.

A la nouvelle de la destruction des trois cent mille Croisés qui avaient suivi Pierre l'Ermite, l'Europe s'émeut et les plus grands guerriers jurent de les venger. Godefroy de Bouillon, le héros du Tasse, voulant expier la guerre impie qu'il avait faite au pape Grégoire VII, fait vœu de délivrer Jérusalem des mains des Sarrasins. Les grands vassaux accourent sous sa bannière, et bientôt il est à la tête d'une armée puissante. La prise de Nicée, les victoires de Dorylée et d'Antioche, et la conquête de Jérusalem sont les fruits de ses travaux.

Nous n'avons pas vu encore les barons de nos pays dans cette première expédition. Mais bientôt, à l'appel répété de Godefroy de Bouillon, Guillaume II, comte d'Auxerre et de Nevers, se décide à partir. Son aïeul, trop âgé, n'avait pu suivre les premiers Croisés; il légua en mourant ce devoir à remplir à son petit-fils (2).

(1) Michaud, Hist. des Croisades. t. I, p. 131.
(2) Il mourut en 1100.

Le comte Guillaume II était alors à Tonnerre, donnant ses soins à enrichir le monastère de Saint-Michel (1). Il y annonça publiquement son projet de départ et convoqua ses vassaux de bonne volonté. Les moines de Saint-Michel lui promirent de prier Dieu pour lui, chaque jour, et tout le temps que son pèlerinage durerait.

Il ne tarda pas à rassembler, dans ses trois comtés d'Auxerre, de Tonnerre et de Nevers (2), une armée de quinze mille hommes. On y voyait l'élite de la noblesse portant bannière, suivie de ses écuyers et des hommes de pied. Chacun de ces volontaires du Christ quittait sans regret son manoir, après avoir fondé quelque service pieux, donné quelque bien pour le rachat de ses péchés, en espérant tout bas, de chevalier devenir comte et de comte prince ou roi. Avec eux ils menaient une foule de serviteurs pris quelquefois par force dans leurs terres.

Erpin, comte de Bourges, se joignit à Guillaume d'Auxerre, et l'armée confédérée s'embarqua à Brindes en Calabre et aborda au port de Salonique, dans l'empire de Bizance. Arrivés sous les murs de Constantinople, aux premiers jours du mois de juin de l'an 1103, les Croisés prirent à peine quelques semaines de repos et se dirigèrent vers l'Asie-Mineure, à la grande satisfaction de l'empereur Alexis qui redoutait, malgré leur exacte discipline, de les voir répéter les pillages des soldats lombards qui étaient passés quelque temps auparavant.

(1) Lebeuf, t. II, p. 67.

(2) Lorsqu'il convoqua ses vassaux de Nevers, Robert, abbé de Molême, se rendit auprès lui pour l'encourager dans son projet. Il en fut bien reçu et en obtint le don de l'église Saint-Aignan de Tonnerre. Le comte lui demanda pardon aussi de l'incendie qu'il avait mis dans l'abbaye de Molême. — Tiré d'un fragment du Cartul. de Molême ; Arch. de l'Yonne.

Après avoir traversé des déserts et des pays sauvages, l'armée du comte Guillaume arriva aux ruines d'Ancyre où les Lombards avaient laissé des traces fumantes de leur passage. Les Croisés quittèrent alors la route du Nord et se dirigèrent sur Stancon pour y attendre des nouvelles de l'armée de Raymond, comte de Toulouse, qui les avait précédés. Ils attaquèrent cette ville, mais infructueusement, et se portèrent ensuite sur Reclei, espérant y trouver des vivres et de l'eau dont la privation les faisait cruellement souffrir. Mais ils rencontrèrent les Turcs qui venaient de tailler en pièces les Lombards. Cette nouvelle les remplit d'effroi. Ce n'était pas la crainte du combat qui les arrêtait ; mais affaiblis par la faim et la soif, sous un climat brûlant, ils sentaient le péril de leur situation. L'armée ennemie eut, en effet, bon marché d'eux, et la déroute la plus complète les dispersa. Le comte d'Auxerre et son frère, bien montés, purent échapper avec peine suivis de quelques-uns des leurs et ils ne s'arrêtèrent qu'à Germanicopolis (1). Bientôt même leurs guides grecs, pillards et voleurs, les dépouillèrent, et ils furent abandonnés dans un lieu désert. Après plusieurs jours de marche sur cette triste route, ils arrivèrent enfin à Antioche dans un état lamentable (2). Tancrède, qui était prince de cette ville, les reçut avec empressement et leur donna des équipages et des armes.

Antioche fut le refuge de tous ceux qui purent échapper au sabre des Turcs, et peu à peu leur nombre s'éleva à plus de dix mille hommes. Au printemps suivant, ils résolurent de se rendre à Jérusalem où les habitants les reçurent à bras ouverts. Ils

---

(1) Les malheureux fantassins et les femmes qui les suivaient tombèrent au pouvoir des Turcs.

(2) Michaud, I, 500, 501. — Ordéric Vital et Albéric d'Aix.

oublièrent bientôt leurs misères à l'aspect des dangers qui menaçaient la Palestine à peine conquise, et reprirent les armes. Mais le sort leur fut contraire. Le duc de Bourgogne et le comte de Blois furent tués à la bataille de Rancla, et Baudoin, empereur de Jérusalem, s'échappa à grande peine des mains de l'ennemi.

Hugues et Narjod de Toucy, membre de l'illustre famille de Narbonne, furent du nombre des chevaliers de Basse-Bourgogne qui moururent dans cette expédition (1). Le comte Guillaume d'Auxerre et son frère en revinrent presque seuls. Hervé, évêque de Nevers, dont Guillaume avait emmené de force les hommes de la terre de Saint-Cyr, apprenant que ces malheureux étaient morts en Orient, l'assigna, dans un plaid, à l'indemniser de cette perte; ce à quoi le comte se soumit.

Geoffroy de Donzy, l'un des grands vassaux du comte d'Auxerre, l'avait suivi en Terre-Sainte. Il en revint aussi pillard qu'auparavant (2).

Croisade de 1146.

La première Croisade avait fondé en Syrie des royaumes et des duchés. Le régime féodal français, avec tous ses développements, s'implanta sur cette terre étrangère, et y prit vigoureusement racine. La population de ces colonies, renouvelée périodiquement, y retrouvait l'existence de la mère-patrie et s'y faisait facilement (3).

(1) Narjod de Toucy mourut de maladie et confessa ses fautes au patriarche de Jérusalem. *Gallia*, t. XII. Preuves d'Auxerre, n° XII.
(2) Lebeuf, II, 71.
(3) Manassès, vicomte de Sens, alla en Terre-Sainte vers 1120. Duchêne, Hist. de Bourgogne, 311.

Cependant les principautés franques, après des alternatives de succès et de revers, venaient d'être frappées d'un coup terrible. Les Musulmans s'étaient emparés d'Edesse, dans la nuit de Noël de l'an 1144. Ils menacèrent bientôt Antioche et le royaume même de Jérusalem qui appartenait à Baudoin III, prince encore enfant. Louis-le-Jeune régnait alors en France. Les nouvelles d'Orient l'émurent vivement et l'excitèrent à prendre la croix pour réaliser un projet qu'il méditait depuis longtemps, et pour effacer le crime de Vitry.

Dans une première assemblée, tenue à Bourges en 1145, le jour de Noël, il annonça ses intentions à ses vassaux réunis. Pour donner une plus grande solennité à cette prise d'armes, on fixa un rendez-vous général à Vézelay, aux fêtes de Pâques suivantes, « afin, dit Eudes de Deuil, que tous ceux qui seraient
» touchés de l'inspiration céleste concourussent à exalter la
» gloire de la croix (1). »

Le pape Eugène III, qui avait le premier fait appel au zèle des Chrétiens, délégua à saint Bernard tout pouvoir pour faire réussir l'entreprise. L'illustre abbé de Clairvaux, qui du fond de sa cellule, dirigeait le monde, se rendit à Vézelay au tombeau de sainte Madelaine, où le roi de France, ses barons et une foule immense de pèlerins le suivirent. Bientôt les voûtes de l'immense et imposante basilique que nous admirons encore, retentirent de la voix du grand orateur chrétien qui embrasait les âmes du feu dont il était dévoré pour le salut des Orientaux. Vézelay, aujourd'hui silencieux et vide, était alors rempli du bruit des armes, des chants religieux et des cris des pèlerins qui demandaient à partir pour la Terre-Sainte.

---

(1) Bibl. des Croisades et H. Martin, Hist. de France, t. II, 445.

Comme ils étaient trop nombreux pour recevoir la croix dans l'église et entendre les dernières paroles de saint Bernard, une estrade fut dressée sur le versant nord de la montagne de Vézelay où s'assirent le roi, l'abbé de Cîteaux et les principaux personnages. De là, on voyait tout autour de soi, et sur la montagne en face, les pèlerins armés dont la foule ondulait comme les champs de blé au souffle du vent. Un moment, ils se précipitèrent avec tant de force sur l'estrade, que tout un côté s'écroula : mais Dieu veillait sur eux, et il n'arriva aucun mal. En mémoire de cet événement, le roi ordonna qu'on bâtirait en ce lieu une église dédiée à la Sainte-Croix.

Guillaume III, fils aîné du comte d'Auxerre et de Nevers, son frère Renaud, comte de Tonnerre, Gui, comte de Joigny, et Renaud, son frère, étaient là à la tête de leurs vassaux. Narjod de Cruz, Herbert-le-Gros, Ithier de Toucy suivaient le comte d'Auxerre ; Gilon, de Sens, chevalier, y était également.

Ansérie de Montréal, Chalo d'Avallon, Artaud de Chastellux marchaient sous la bannière de Bourgogne.

Parmi les personnages religieux de nos contrées, nous trouvons Théobald, abbé de Sainte-Colombe, et Herbert, abbé de Saint-Pierre-le-Vif de Sens, l'ami du roi (1).

Saint Bernard ne pouvait plus suffire à répondre à l'empressement des pèlerins, il avait épuisé sa provision de croix de laine rouge : il déchira sa robe pour en faire de nouvelles (2).

(1) Herbert ne put aller en Terre-Sainte, car il fut tué le 1ᵉʳ mai 1147 par les bourgeois de Sens insurgés, qui l'accusaient d'avoir porté le roi à détruire leur commune.

(2) Il fut obligé par la suite de faire faire plusieurs habillements, parce que la multitude qui l'entourait lui arrachait pièce à pièce ses vêtements pour en faire des croix ; ce qui, dit Guillaume d'Auxerre, son

A l'assemblée de Chartres, on voulut ensuite le proclamer chef de l'expédition; mais il déclina cet honneur, se rappelant l'issue malheureuse de la première Croisade, conduite par un moine inexpérimenté. Louis VII fut donc déclaré commandant de la Croisade, dans l'assemblée des grands tenue à Etampes. Suger, abbé de Saint-Denis, et le vieux comte d'Auxerre Guillaume II furent chargés du gouvernement de l'Etat pendant l'absence du roi (1).

Nous sommes un peu plus riches en documents locaux sur la seconde Croisade que sur la première. Les monastères dotés par les nobles pèlerins ont conservé leur mémoire à la postérité, en gardant les chartes qu'ils leur ont données; payant ainsi leurs libéralités d'une manière qui conviendrait à beaucoup d'illustres de nos jours, s'ils pouvaient être assurés que leur souvenir vécût au moins huit siècles après eux.

Les relations avec l'Orient amenèrent des alliances entre des pèlerins et des familles qui y étaient déjà établies. Ce pays devenait une seconde France, et les intérêts temporels autant que la religion finirent par le relier au nôtre. Chalo d'Avallon et sa femme Agnès de Beyrouth donnèrent, en 1147, tous leurs biens « à l'hôpital des chevaliers de Jérusalem, d'Acre, au-delà de la mer, » et en reçurent en présent 200 marabotins d'or (2). Ervé de Jaffa figure comme témoin dans un accord sur les dîmes de Vincelles, en 1151 (3).

---

secrétaire, ne laissait pas d'être désagréable. (*Gaudefrid. de Miracul. S. Bernardi.*)

(1) Guillaume refusa cette charge et se retira bientôt après chez les Chartreux.

(2) Commanderie de Pontaubert, titres généraux; Arch. de l'Yonne.

(3) F. Saint-Marien; Arch. de l'Yonne.

Les pèlerins étaient trop heureux de s'assurer la protection des milices guerrières du Temple et de Saint-Jean organisées contre les Sarrasins, dès le commencement du xiie siècle, par les plus zélés des chevaliers chrétiens pour la sûreté des routes aux alentours de Jérusalem, et ensuite dans toute la Terre-Sainte. Ces deux ordres furent alors l'objet de donations multipliées faites aussi bien par de simples particuliers que par des grands seigneurs (1).

Les sires de Noyers affectionnaient les Templiers d'une manière toute spéciale; et Gui, l'un d'eux, entra même dans cet ordre et prit part à la troisième Croisade, en 1190. Près d'un siècle après, Miles de Noyers et Marie de Crécy, sa femme, en donnant à la commanderie de l'Hopitau-en-Vermenton tout ce qu'ils possédaient en ce lieu, en justice, coutumes, cens, four, terres, prés et vignes, disaient : « Considérant la dévotion et affection
» que nous avons toujours eue et avons encore à l'ordre de la
» chevalerie du Temple, et attendant les granz biens et les
» granz aulmosnes, les granz charités que li frères de la cheva-
» lerie dou Temple font de jour en jour de ça la mer, incessam-
» ment, comme ils ne redoutent pas chascun jour espandre leur
» sanc contre les anemis de la foi pour vengier Jésus-Crist; et
» especialement les biens, les cortoisies et les honneurs que li
» frères desus dit ont feit à noz predecesseurs et à nous et
» font encore et menu et souvent (2). »

Revenons à la deuxième Croisade.

(1) Voy. Cartul. de la comm. du Temple d'Auxerre, au xiiie siècle. Archiv. de l'Empire, S. 5235, carton 290, liasse 1re.

(2) Archiv. imp. S. 5241, carton 296, liasse 71; charte de 1284 au mois d'août.

Les donations pieuses qui précédaient le départ pour la Terre-Sainte étaient comme la disposition dernière du seigneur qui quittait sa patrie avec la perspective à peu près assurée de ne pas y revenir. En 1146, Herbert-le-Gros, l'un des officiers du comte d'Auxerre se préparant au pèlerinage, donne une vigne à l'abbaye Saint-Marien, en présence de l'archevêque de Sens et de plusieurs autres prélats (1). Il restitue aussi aux moines de Molême la dîme de Saint-Gervais d'Auxerre qu'il possédait injustement (2). Sa femme ratifie ces cessions.

Anseric de Montréal, l'un des membres de cette grande famille de barons qui dominait dans la vallée d'Epoisses, donne, en 1147, à l'abbé de Reigny des droits d'usage dans ses terres « lorsqu'il part avec le roi et beaucoup d'autres personnes pour Jérusalem (3). »

L'acte le plus solennel est celui qui émane d'Artaud de Chastellux et c'est en même temps le titre le plus antique de cette illustre maison (4). Ce seigneur y déclare qu'avec la protection de Dieu il est sur le point de partir pour Jérusalem avec l'armée royale, lui et ses cinq fils Artaud, Milon, Guy, Guillaume, Obert. Désirant faire une fondation pour le repos de son âme et de celles de sa femme Rachel et de ses ancêtres, il a donné aux moines de Reigny tout droit d'usage pour leurs porcs dans les bois entre la Cure et le Cousin.

Itier de Toucy et Narjod de Cruz firent des donations à l'abbaye de Pontigny le jour de leur départ pour la Croisade, en 1147.

Etienne de Seignelay et Salon de Bouilly vendirent leurs biens

(1) F. Saint-Marien.
(2) F. Saint-Gervais.
(3) F. Reigny, titres généraux.
(4) F. Reigny, ibid., liasse 2ᵉ.

de Crécy et de Duchy pour fournir aux frais de la Croisade (1).

Milon, seigneur de Nogent-sur-Seine, fit don à l'abbé de Vauluisant de tous ses droits sur la rivière de Bernière. Il fut le premier qui périt dans l'expédition au passage du fleuve du Méandre (2).

Louis-le-Jeune partit après la Pentecôte de l'année 1147, plein d'espoir de triompher des Sarrasins. L'armée ayant traversé les Etats de l'empereur grec, rencontra les Turcs à deux jours au-delà de Laodicée, dans la Phrygie occidentale. Une bataille acharnée fut livrée en ce lieu où il fallait traverser des défilés défendus par les Turcs. L'armée française y éprouva un grave échec; le roi lui-même faillit être pris et ne s'échappa qu'à grande peine. Plus d'un chevalier de Basse-Bourgogne y périt, et notamment Renaud, comte de Tonnerre, que certains historiens assurent seulement avoir été fait prisonnier; ce qui est certain, c'est qu'il ne revint pas dans ses domaines (3).

Après cet événement, les Croisés, plus circonspects, se garantirent des attaques des Turcs et se dirigèrent sur Satalie, ville grecque maritime, où le roi et ses barons s'embarquèrent pour Antioche. Mais les pauvres pèlerins qui n'avaient pas de quoi payer leur voyage, mis à un prix énorme par les Grecs, restèrent sur la plage et finirent misérablement par la trahison de ces derniers et sous les coups des Turcs.

Les traitements barbares qu'éprouvèrent les Croisés en ce lieu accrurent la haine des nations franques contre les Grecs et furent une des causes qui poussèrent les barons à conquérir Constantinople, en 1204.

(1) Henry, Hist. de Seignelay, 156.
(2) Henri Martin, II, p. 464.
(3) Art de vérifier les dates, art. des comtés de Tonnerre.

Raymond de Poitiers, prince d'Antioche, reçut avec joie les Croisés et leur fit oublier dans les fêtes les fatigues de leur voyage et les pertes qu'ils avaient éprouvées.

Louis-le-Jeune, qui était surtout venu en Terre-Sainte pour accomplir le pèlerinage de Jérusalem, ne répondit pas à la demande du prince d'Antioche qui espérait, à l'aide des Croisés, faire reculer les Turcs de Syrie et de Mésopotamie dont le chef était le sultan Noureddin. Le roi français partit brusquement pour Jérusalem à travers le comté de Tripoli, et après avoir accompli son vœu, il réunit ses barons à Ptolémaïs, aujourd'hui Saint-Jean-d'Acre, où fut décidée l'attaque de Damas. Bientôt l'armée franchit le Liban et les Croisés s'emparèrent des fortifications de la ville, mais ils ne continuèrent pas le cours de leurs succès. La grande chaleur et la résistance de l'ennemi leur firent lever le siége.

Peu après l'armée se dispersa et chaque prince retourna en Europe. Dès l'année 1149, le comte d'Auxerre était revenu dans ses États. Il est probable que les autres seigneurs de la contrée étaient également de retour. L'abbé de Sainte-Colombe de Sens périt en Terre-Sainte.

L'issue de cette Croisade fut peu fructueuse et cependant elle ne détourna pas le torrent des pèlerins, car l'ardeur pour les guerres saintes était alors dans toute sa force. Ces expéditions, outre leur côté méritoire et élevé, servaient aussi à pacifier la France. Les chevaliers les plus belliqueux et aussi les moins disposés à se soumettre au régime régulier que les Capétiens commençaient à introduire dans le royaume, ceux qui représentaient l'état féodal dans toute son indépendance, partaient à l'envi pour ces lointains pays où il y avait des coups à donner et à recevoir. D'ailleurs, on entendait chaque jour redoubler les plaintes des Chrétiens de Syrie, que les Musulmans menaçaient de détruire jusqu'au dernier. Les preux chevaliers ne pouvaient demeurer sourds à cet appel.

En 1167, Guillaume IV, comte d'Auxerre et de Nevers, qui avait fait le vœu solennel de prendre la croix, dans l'église du célèbre prieuré de La Charité-sur-Loire, leva une armée et s'embarqua pour la Palestine. Mais à peine y était-il arrivé qu'il fut atteint de la peste et mourut à Acre, le 24 octobre 1168. Il avait désiré d'être inhumé à Bethléem, lieu historique depuis la naissance du Sauveur. Son frère Gui l'y fit pieusement transporter et lui donna la sépulture. Peut-être aujourd'hui sa tombe oubliée gît-elle encore dans l'église de Bethléem, et quelque pèlerin qu'Auxerre a vu naître a-t-il pu lire l'inscription qui la fait reconnaître.

Le comte mourant, pressentant le sort qui pourrait menacer un jour l'évêque de Bethléem, lui offrit un asile dans ses états, et lui fit don de l'hôpital de Pantenor au faubourg de Clamecy (1). Ce lieu devint bientôt, en effet, la retraite des évêques de Bethléem, et l'on vit dans l'Auxerrois cette singularité de la co-existence de deux sièges épiscopaux.

L'entreprise toute spontanée qu'avait faite le comte Guillaume IV, montre que sa puissance était considérable. Parmi les auteurs du temps, les uns célèbrent sa vaillance et sa noblesse (2), les autres en font un portrait assez défavorable et disent que Dieu le fit mourir misérablement, en punition de ses injustices envers les pauvres et les églises (3). Les deux opinions

(1) Lebeuf, II, p. 98.
(2) Guillaume de Tyr, plaignant son sort, dit de lui : « Magnus princeps, nobilis et potens... subito et diuturno langore correptus, in primo gratissime juventutis flore, cum multis omnium suspiriis et gemitu vitam finivit. » Rec. des Hist. des Croisades, t. I, 2ᵉ part., p. 945.
(3) J. de Sarisbery, L. I, epistol. 103.

peuvent s'accorder, car le comte avait en effet, pendant sa vie, passablement tourmenté les moines de Vézelay, et d'autre part son pèlerinage lui méritait le pardon de ses crimes, et l'on ne devait se rappeler que son sacrifice et sa vaillance.

Croisade de 1190 (1).

Les dissensions qui régnaient entre les princes francs de la Syrie les affaiblissaient tous les jours au profit de Saladin, leur adversaire tout-puissant. Les trèves qu'ils avaient avec lui, tour à tour rompues et respectées, lui avaient permis de rassembler de toutes parts une armée redoutable. Après avoir détruit celle des Chrétiens à la bataille de Tibériade, il s'empara de Jérusalem, au mois d'octobre 1187, quatre-vingt-huit ans après la conquête de Godefroi de Bouillon.

A cette nouvelle, l'Occident eut honte de son indifférence ; chacun voyait dans la perte de Jérusalem un déshonneur pour les Chrétiens et surtout pour la chevalerie. Le pape Urbain III en mourut de douleur. Partout on se prépara à une nouvelle Croisade. Le clergé, dans les églises, appela à la guerre sainte. Les troubadours eux-mêmes stimulèrent la tiédeur des guerriers dans leurs vers héroïques :

« Seigneurs chevaliers, s'écrie le fameux Godefroy Rudel, par » nos péchés la puissance des Sarrasins s'est accrue : Salahadin

---

(1) Dans l'intervalle des grandes Croisades, des chevaliers se rendaient individuellement en Orient, témoin Isnard, vicomte de Joigny, qui y alla vers l'an 1170, du consentement de sa femme Emeline. (Arch. de l'Yonne, xix.) Rainaud, fils du prévôt Robert était à Jérusalem en 1180. (F. Saint-Marien, xiii.)

» a pris Jérusalem, et on ne l'a point encore recouvrée. Laissons
» là nos héritages, allons contre ces chiens de mécréants, pour
» éviter la perdition de nos âmes. Barons de France et d'Alle-
» magne, chevaliers anglais, bretons, angevins, béarnais,
» gascons et provençaux, soyez sûrs que de nos épées nous tran-
» cherons leurs chefs (têtes) maudits! »

Guillaume, archevêque de Tyr, accourut en Europe prêcher la guerre sainte. Philippe-Auguste et Richard-Cœur-de-Lion, qui se disputaient le Vexin, déposèrent un moment les armes et s'unirent pour secourir les Chrétiens d'Orient.

Cependant divers incidents retardèrent leur prise d'armes. Rendez-vous fut enfin donné à Vézelay, pour la semaine de Pâques 1190, et Philippe-Auguste s'y rendit avec l'oriflamme, tandis que Richard y venait de Tours, où il avait reçu de l'archevêque de Tyr le bourdon et la besace du pèlerin. Les deux armées, après avoir honoré les reliques de sainte Madeleine, se mirent en marche. Elles étaient cette fois bien disciplinées et l'on en avait exclus la foule des pèlerins non armés, et des femmes et des enfants.

Philippe-Auguste n'oublia pas en partant de faire quelques libéralités aux monastères du pays. Le chapitre de Sens y gagna des droits de minage et de justice à Pont-sur-Yonne (1).

C'est le cas de faire connaître quelques-uns des guerriers de nos contrées qui prirent part à cette Croisade. Leur gloire nous touche encore, car ils sont les dignes prédécesseurs des vainqueurs du Monthabor et de Nazareth.

C'est d'abord le duc Hugues de Bourgogne, et sous ses ordres

---

(1) F. du Chapitre; Bibl. de Sens.

Clerembault, sire de Noyers (1) et Gui, son frère, chevaliers du Temple.

Etienne de Pierre-Pertuis (2), qui fit son testament à Acre.

Mathieu de Jaucourt (3).

Puis venaient Pierre de Courtenay, le comte d'Auxerre et de Nevers, qui essuya une grande tempête en mer et y perdit une partie de ses équipages (4).

Sous sa bannière étaient rangés : Asvald de Seignelay et son parent Etienne de Brives (5).

Jehan d'Arcy (6),

Geoffroy d'Arcy (7),

Baudouin de Migé (8),

Dreux de Mello, connétable de France (9),

Guillaume de Mello (10) et une foule d'autres chevaliers dont les noms ne sont pas venus jusqu'à nous.

Le comte de Champagne Henri II, qui avait donné à l'abbaye de Pontigny une exemption de droits d'entrée à Troyes, pour 400 muids de vin, était avec le roi au départ de Vézelay (11). Il reçut

(1) Commanderie d'Auxerre. Invent., p. 388 ; Archiv. de l'Yonne.
(2) Fonds Pontigny, Bassou ; ibid.
(3) Salle des Croisades.
(4) Lebeuf, II, 118. Il avait levé un impôt de 12 deniers sur les maisons de ses terres, pour cette expédition, et le roi déclara que ce serait sans tirer à conséquence pour l'avenir.
(5) Fonds Saint-Marien, Bassou ; Arch. de l'Yonne.
(6) F. des Echarlis, ibid. Anseric de Montréal était présent, lorsqu'il fit un don à l'abbaye des Echarlis, en annonçant son départ.
(7) Chapitre de Vézelay.
(8) F. Saint-Marien.
(9) Salle des Croisades.
(10) Biblioth. des Croisades, t. I, p. 743.
(11) F. Pontigny.

en don, des habitants de Chablis, 300 livres pour la gloire du Christ et pour l'aider dans son voyage (1).

Il avait avec lui Guillaume I, comte de Joigny, que suivaient entre autres chevaliers Gui, son vicomte (2) et Milon, seigneur de Champlay (3) ;

Guillaume II, des Barres, la fleur de la chevalerie française, surnommé l'Achille de son temps (4), qui avait si rudement mal mené le roi Richard auprès de Mantes et avait failli le faire prisonnier en 1188.

Ces noms méritent de revivre à jamais. Si quelques-uns d'entre eux sont déjà inscrits sur les écussons de la salle des Croisades à Versailles, ceux de leurs compagnons y ont un titre égal.

Les deux souverains de France et d'Angleterre avaient été précédés en Terre-Sainte par l'armée de Conrad, empereur d'Allemagne, qui fut détruite par les Turcs. Le comte de Champagne, qui était parti avec Jacques d'Avesne avant Philippe-Auguste, fut proclamé, en attendant l'arrivée de ce prince, commandant de l'armée qui assiégeait Acre. Richard s'embarqua à Marseille et Philippe à Gênes, puis ils se rejoignirent à Messine où ils passèrent l'hiver de 1190. Richard eut là une altercation fort vive avec Guillaume des Barres, à propos d'un sujet des plus futiles ; ce qui accrut encore sa haine (5).

Enfin Philippe-Auguste débarqua devant Ptolémaïs le 13 avril, veille de Pâques de l'an 1191. Depuis deux ans, les guerriers de

---

(1) Cartul. de la prévôté de Chablis ; Arch. de l'Yonne.
(2) F. des Echarlis, Inventaire, p. 158.
(3) F. Dilo, XV⁰ liasse, s.-l. 6.
(4) Rigord, Philipp.
(5) H. Martin, Hist. de France, t. IV, 116.

toutes les nations de l'Europe s'étaient donné rendez-vous devant cette ville que les Turcs défendaient. Le roi de France voulut, avant de livrer l'assaut, attendre l'arrivée de Richard qui débarqua le 8 juin. Ce siége fut mémorable par les exploits des chevaliers chrétiens qui firent l'admiration des Sarrasins. La ville tomba enfin en leur pouvoir, et la garnison capitula et se rendit à discrétion le 12 juillet. Les prisonniers furent partagés et Dreux de Mello présida, du côté des Français, à cette opération (1). Mais l'antagonisme et la jalousie des deux princes anglais et français rendirent le succès des Croisés infructueux, plus encore que la résistance de Saladin qui tentait chaque jour de faire diversion en faveur des assiégés. Bientôt, en outre, un ennemi plus dangereux que les Musulmans décima les Croisés : la fièvre enlevait indistinctement les chefs et les soldats. Philippe-Auguste se sentant malade et craignant de mourir loin de son royaume, envoya Guillaume de Mello (2) et d'autres personnages pour demander au roi Richard de le délier de sa promesse de continuer la guerre avec lui, et il abandonna l'expédition après la reddition d'Acre. Il rentra en France avec une partie de ses vassaux et notamment Pierre de Courtenay, comte d'Auxerre.

Plusieurs de nos guerriers périrent à ce siége. Gui de Noyers, chevalier du Temple, probablement atteint de l'épidémie, y donna aux Hospitaliers, pour leur maison de Sacy près Vermenton, des droits d'usage dans la forêt d'Ervaux. Son frère Clerembaud, sire de Noyers, y consentit. Ils étaient alors au siége d'Aconit ou d'Acre (3). Henri, comte de Champagne, qui commanda l'armée française après le départ de Philippe-Auguste, fut

(1) Bibl. des Croisades, t. I, 742.
(2) Ibid., t. I, 743.
(3) Arch. de l'Yonne, Commanderie d'Auxerre; Inventaire, f° 388.

élu roi de Jérusalem. Il mourut misérablement en 1197, en tombant d'une fenêtre de son palais d'Acre.

Cette Croisade releva un peu les affaires des princes francs et arrêta l'envahissement des Sarrasins. Elle eut aussi pour résultat la création du royaume de Chypre conquis par Richard-Cœur-de-Lion, pays qui devait longtemps protéger les Chrétiens d'Orient et leur servir d'asile après la destruction de leur puissance en terre-ferme.

Les expéditions continuent pendant les dernières années du XIIᵉ siècle. Des Croisés, partis des ports de l'Océan, attaquent les Maures des côtes de Portugal, et prennent sur eux la ville de Sylves. Parmi eux, on remarque Ansėric de Montréal (1), qui se rendit de là en Syrie, et y mourut en 1197. Guillaume-le-Gros, Auxerrois, était en Orient vers l'an 1209 (2).

La conquête de l'empire de Constantinople par les Latins, en 1204, préparait une couronne à l'un de nos grands barons. On ne voit pas toutefois que les chevaliers de la Basse-Bourgogne y aient pris part; ils se portaient alors à la guerre des Albigeois, cette autre Croisade des races conquérantes de la Gaule contre les vieux Gallo-Romains. Cependant Narjod de Toucy était à la cour de Constantinople, en 1244 (3). Ce personnage joua un grand rôle dans l'empire. Il savait le turc, chose remarquable, au dire d'un chroniqueur. Il maria sa fille à Jonas, roi des Cumans,

---

(1) Courtépée, Descript. du duché de Bourgogne, t. V, qui fait à tort mourir Ansėric en 1191.

(2) Humbaud, son frère, se rend caution de sa ratification dans une vente de terre située à Charbuy, qu'il fait à l'évêque d'Auxerre. (Arch. de l'Yonne, Evêché d'Auxerre.)

(3) Charte de P. de Courtenay, pour le Chapitre d'Auxerre. Arch. de l'Yonne, liasse 7.

peuple barbare et guerrier au service de l'Empire, et il mourut en 1238 (1).

4ᵉ Croisade.

Le grand pontife Innocent III voyait avec regret se consumer en luttes intestines l'activité guerrière des chevaliers de l'Occident, tandis que les Chrétiens d'Orient étaient chaque jour menacés davantage par les Sarrasins. Il prévoyait le jour peu éloigné où ceux-ci, marchant sur l'Europe, menaceraient sa religion et son indépendance. Il résolut donc de faire naître une nouvelle Croisade pour relever la puissance chrétienne en Syrie. Mais il mourut avant que l'expédition fût organisée. Cependant son appel fut entendu, et de toutes parts les Croisés y répondirent. En 1217 et 1218, on vit se diriger de nouvelles armées sur la Terre-Sainte qui était à peu près perdue.

Plusieurs de nos chevaliers prirent la croix. De ce nombre étaient Hervé de Donzy, qui devint ensuite comte d'Auxerre par la mort de Pierre de Courtenay, son beau-père; Dreux de Mello, l'aîné (2); Guillaume de Migé (3); Jean de Rosoy (4); Jean de Bouilly (5); Ithier de Toucy (6).

Un curé de Dixmont, nommé Thibaud, se croise en 1217, et lègue en partant une vigne à l'abbaye de Saint-Marien

---

(1) Michaud, Hist. des Croisades, t. III, Eclaircis., p. 539 et p. 569.
(2) Cartul. de la terre de Saint-Aubin; Arch. de l'Yonne.
(3) Archiv. de l'Yonne, Fonds Saint-Marien.
(4) Ibid., F. Saint-Paul de Sens.
(5) Ibid., F. Pontigny.
(6) Michaud, Hist. des Croisades, t. II, 450, l'appelle Ithier de Tacy.

d'Auxerre, se réservant de la reprendre s'il revient de son pèlerinage (1).

Les Croisés débarquèrent comme d'ordinaire à Ptolémaïs, et, pour répondre aux désirs du pape exprimés dans le concile de Latran, ils résolurent de se diriger sur l'Egypte. Jean de Brienne, roi de Jérusalem *in partibus*, et le duc d'Autriche les commandaient. Ils attaquèrent Damiette et s'en emparèrent après un long siége, en 1219 ; mais cette fois, comme précédemment, la division se mit dans l'armée chrétienne formée d'éléments si divers et si peu habitués à la discipline, et les premiers succès furent suivis de revers terribles. Le comte Hervé, ayant appris la fin tragique de son beau-père, le comte d'Auxerre, se hâta de revenir en France (2).

5° Croisade. — Conquête de Constantinople.

Disons un mot de cet événement qui est un des épisodes les plus brillants et les plus imprévus des Croisades. Toutes les aspirations des guerriers de France se tournaient alors vers l'Orient ; c'était toujours le pays des aventures et des merveilles. L'ambition était aiguillonnée par le succès inouï qui avait favorisé les armes des Croisés conduits par le marquis de Montferrat et qui, au lieu d'aller en Egypte comme ils le projetaient, se trouvèrent poussés par les sollicitations d'Alexis, fils d'Isaac-l'Ange, empereur détrôné de Constantinople, à lui prêter le secours de leurs armes, puis bientôt, après sa mort tragique, à s'emparer pour eux-mêmes de l'empire grec (1204). Baudoin, comte de Flandre,

---

(1) F. Saint-Marien, Villeneuve-le-Roi.
(2) En 1219.

ceignit la couronne impériale, et divisa les provinces grecques en fiefs pour ses compagnons.

A la mort de son successeur, Henri de Hainaut, les barons jetèrent les yeux sur Pierre de Courtenay, comte d'Auxerre, marquis de Namur, beau-frère de ce dernier, pour lui succéder. Descendant de Louis-le-Gros par son père, il n'était pas au-dessous de la haute position que la fortune semblait lui destiner. Sa puissance et sa rude énergie promettaient un soutien précieux à l'empire si mal assis des Latins. Il était cependant déjà dans un âge où l'ambition est satisfaite et laisse à d'autres les carrières aventureuses (1). Cependant il fut séduit par la nouvelle que lui apporta le héraut impérial et il se disposa bientôt à se rendre à Byzance. Il partit pour Rome vers la fin de l'hiver de l'an 1216, suivi d'une petite armée formée de l'élite de ses chevaliers et de leurs servants d'armes, qu'on élève à 5,500 hommes. Sa femme Yolande, et ses quatre filles, l'accompagnaient. Etant arrivé à Rome aux environs de Pâques, le Saint-Père le sacra empereur dans l'église de Saint-Paul-hors-des-Murs. Il fit embarquer l'impératrice pour Constantinople et il suivit lui-même le chemin de terre jusqu'à Brindes. Les Vénitiens l'y accueillirent, ainsi que le légat Jean Colonne, et ils traitèrent avec lui (2) à condition qu'il ferait le siége de Durazzo, ville conquise sur eux par un prince grec nommé Théodore Lascaris, grand ennemi des Latins. Pierre

---

(1) Il avait plus de cinquante ans, car il figure déjà en 1170, dans une charte de son père, pour l'abbaye de Fontaine-Jean, où il est qualifié de fils aîné. (Arch. de l'Yonne, recueil de chartes sur les comtes d'Auxerre).

(2) Pierre de Courtenay confirma par un traité passé avec le doge de Venise, en 1217, des conventions faites entre ce souverain et le comte de Flandre, le marquis de Montferrat et les autres barons latins de l'empire grec. — *Pacti*, lib II, f° 168. Arch. de Venise.

de Courtenay ne fut pas heureux dans cette attaque et fut contraint de se retirer avec une grande perte de ses troupes.

Il continua ensuite sa route pour Constantinople à travers les montagnes de l'Albanie, où étant tombé dans une embuscade, il fut assailli par Théodore qui l'amena à capituler en lui promettant par serment la vie sauve. Mais ici encore le Grec se montra : il manqua à sa parole, s'empara de l'empereur, du légat, du comte de Sancerre et de tous les chevaliers et les retint en captivité. Les soldats furent dépouillés et abandonnés.

Le sort de Pierre de Courtenay fut très-misérable, et les historiens ne sont pas d'accord sur ce qu'il devint : les uns veulent que Théodore l'ait fait décapiter en 1249, les autres veulent qu'il soit mort dans les fers. Lebeuf assure qu'il n'existait plus au mois de janvier de cette année-là, date d'une convention de Théodore avec le pape pour la délivrance du légat. Quoiqu'il en soit, on n'entendit plus parler de Pierre de Courtenay. L'impératrice aborda heureusement à Constantinople et y fut reçue en souveraine, puis y mourut peu d'années après (1), attendant en vain son époux.

Les Courtenay ont régné quelque temps sur l'empire grec pendant le XIII° siècle, mais d'une manière précaire, car les princes grecs luttaient de tous côtés contre eux. Ils conservaient toujours leurs domaines du Gâtinais et de Basse-Bourgogne ; et il n'est pas rare de trouver ici des actes de ces empereurs représentés sur leurs sceaux de cire rouge avec les attributs fastueux de la majesté orientale, comme pour faire oublier la faiblesse de leur autorité (2).

(1) Au mois d'août 1219.
(2) On voit de ces actes dans le Fonds de l'abbaye des Echarlis et du prieuré de Michery. Arch. de l'Yonne.

6ᵉ Croisade.

Le zèle pour les Croisades, ralenti un moment pendant la minorité de Saint-Louis, se ranima au milieu du xiiiᵉ siècle, malgré les déceptions sans nombre qu'on avait éprouvées dans ces expéditions.

Le voyage d'outre-mer préoccupait certains esprits plus religieux que d'autres, et les chevaliers entreprenants voulaient encore une fois, les uns reconquérir la Terre-Sainte, les autres aller au secours de leurs amis et de leurs parents, les princes de l'empire latin de Constantinople, menacés de toutes parts par les Grecs.

La Croisade fut prêchée dès 1235; mais elle ne porta pas de fruits. Gui de Forez, comte d'Auxerre, et Guillaume II, comte de Joigny, partirent, en 1239, avec le duc de Bourgogne. Ils trouvèrent la Syrie dans l'anarchie. Plusieurs prétendants se disputaient la couronne de Jérusalem, la ville sainte, qui venait d'être rendue à l'empereur Frédéric par le sultan Malek-el-Kamel. Les Croisés, sans s'inquiéter de ces querelles, se mirent bravement à guerroyer contre les Sarrasins; mais leur défaut de concert les fit battre. Le duc de Bourgogne et le comte de Joigny abandonnèrent précipitamment la Palestine où le comte d'Auxerre resta et mourut le 31 juillet 1241.

7ᵉ Croisade.

Les dernières expéditions dans la Terre-Sainte devaient prouver au monde que la réunion des plus grandes qualités ne peut rien pour fonder une puissance politique, lorsque le pays sur lequel on veut agir n'y est pas préparé. Saint Louis avait en lui tout ce qu'il fallait pour réussir dans ses guerres en Orient. Il possédait la foi et la vaillance, ses armées étaient nombreuses et conduites par de braves guerriers (1), les plus braves peut-être de l'Occident. Changeant le plan des premières Croisades, il voulait avec raison prendre la Syrie par l'Egypte. Mais, on le sait, la fortune lui fut contraire, et l'inclémence du climat, autant que le sabre des Turcs, détruisit ses soldats et le livra lui-même sans défense à l'ennemi.

Après un séjour en Chypre pour rallier ses barons, séjour où il perdit de la peste bon nombre de preux, et notamment Guillaume de Mello, seigneur de Saint-Bris, et le brave Guillaume III, sire des Barres, le roi commença heureusement l'invasion de l'Egypte par la prise de Damiette. Mais bientôt la marche de l'armée qui remontait le Nil devint difficile. On traversa un canal appelé Aschmoun. La fougue du comte Robert d'Artois, frère de saint Louis, entraîna la cavalerie sur une avant-garde de Sarrasins, puis dans Mansourah même, où tous les chevaliers furent pris et tués après une glorieuse défense (février 1250).

Deux défaites successives, la peste et la disette anéantirent cette vaillante armée qui s'élevait, au début de la campagne, à soixante mille hommes. Il fallut penser à la retraite. On repassa sur la rive gauche de l'Aschmoun, mais les ennemis harcelaient si vivement l'arrière-garde que commandait Gaucher de Châtillon, que le salut de l'armée fut en péril. Erard et Jean de Vallery firent sur ce point des prodiges de valeur (2). On proposa alors aux Sarrasins de traiter, en offrant de leur rendre Damiette en échange de Jérusalem, et en leur donnant le comte de Poitiers ou

(1) Saint Louis avait en Chypre 2,800 chevaliers. — Joinville, p. 88.
(2) Michaud, t. IV, 344.

le comte d'Anjou pour garantie. Le sultan exigea le roi lui-même pour ôtage.

« Mieux vaut que les Turcs nous tuent tous ! s'écrie le sire » Geoffroy de Sergines, que de mériter le reproche d'avoir baillé » notre roi en gage » et les négociations sont rompues.

Le reste de l'armée descendit le bord du Nil et perdit encore des malades placés dans des bateaux qui étaient amarrés sur le bord du fleuve. Les Sarrasins étant accourus avant qu'on eût coupé les cordes, en firent un carnage affreux.

Parmi les guerriers de nos contrées qui souffrirent, avec saint Louis, les misères de cette retraite, on doit citer : le pieux comte de Joigny, Guillaume II, que son premier voyage n'avait pas découragé, et qui mourut, en 1255, des suites d'une maladie de langueur gagnée en Palestine (1);

Jean des Barres, chevalier preux et noble (2), parti avec l'arrière-ban commandé par le comte de Poitiers, à la nouvelle de la mort de son père;

Dreux de Mello, seigneur en partie de Saint-Bris (3) et fils de Guillaume, mort à Nicosie;

Erard et Jean de Vallery (4); Colin de Ligny (5); Pierre de Pierre-Pertuis (6); Gui de Maligny, seigneur de Beine (7); Renaud d'Ormoy (8); Artaud III de Chastellux (9).

(1) Art de vérifier les dates, Comtes de Joigny.
(2) Joinville, Annales, p. 194.
(3) Fonds Pontigny, Saint-Bris; Arch. de l'Yonne.
(4) Michaut, t. IV, p. 344. Erard de Valery, vivait encore en 1261. Il fit alors un don au prieur de Brannay. (F. Saint-Jean de Sens.)
(5) Henry, Hist. de Seignelay, p. 186.
(6) Ibid. (7) Ibid.
(8) F. Pontigny.
(9) Chastellux, par M. le Bon Chaillou des Barres; Annuaire de 1840.

Mais ce fut surtout Geoffroy de Sergines qui fit honneur aux chevaliers du Sénonais. Il était membre du conseil du roi, et avait été envoyé à Acre, au commencement de l'an 1249, pour louer des vaisseaux aux Génois établis dans ce pays, afin de faciliter le transport de l'armée de Chypre en Egypte. Sa sagesse et sa valeur le faisaient grandement estimer de saint Louis qui le trouva partout où était le danger, dans la triste retraite qui suivit la bataille de Mansourah. De concert avec Gaucher de Châtillon, il protégeait la marche du roi affaibli par la dyssenterie et pouvant à peine se soutenir. Il repoussait les Sarrasins à grands coups d'épée : le danger semblait avoir doublé ses forces. Joinville, dans sa naïve histoire de saint Louis, rapporte ainsi ses exploits :

« Le roi me conta que Mgr de Sergines le défendoit des
» Sarrasins, comme le valet défend le hanap (1) de son seigneur
» des mousches; car toutes fois que les Sarrasins l'approchoient
» il prenoit son espée et les chassoit en veue du roi. »

Ces courageux efforts ne purent sauver le roi qui tomba à Minieh aux mains des Musulmans.

Mais saint Louis, aussi grand dans sa captivité que dans la victoire, les étonna par sa fermeté. Il rejeta les conditions humiliantes qu'ils lui imposaient, et finit par racheter les débris de son armée avec un million de besans, et sa personne par la cession de Damiette qui fut remise au vainqueur par Geoffroy de Sergines.

Saint Louis put enfin quitter l'Egypte sur une galère génoise, avec le comte d'Anjou, le sénéchal de Joinville et son compagnon Pierre d'Avallon (2), Guillaume de Sergines et d'au-

(1) La coupe.
(2) Joinville, p. 43 et 90.

tres seigneurs. Ils débarquèrent à Acre, où le roi demeura quelque temps pour négocier la délivrance des prisonniers restés en Egypte.

Sur ces entrefaites, on vit arriver en cette ville Narjod de Toucy, « chevalier moult noble, » dit Joinville. Il avait été régent de l'empire de Constantinople, en l'absence de l'empereur, et se glorifiait d'être cousin du roi de France par la mère de sa femme, sœur du roi Philippe-Auguste et épouse de l'empereur Andronic (1). Il venait offrir ses services au roi, pour défendre la Terre-Sainte pendant un an. C'était probablement le fils de Narjod de Toucy que nous avons vu à Byzance, en 1214.

Saint Louis, suivant le conseil de Joinville, et contrairement à celui de ses barons (2), passa plus d'une année en Syrie. Il racheta de nombreux prisonniers des mains des Turcs, et y fit réparer les fortifications de plusieurs villes. Il s'embarqua ensuite pour la France au printemps de l'année 1254, à la nouvelle de la mort de la reine Blanche, sa mère. Il laissa en Terre-Sainte cent chevaliers sous le commandement de Guillaume de Sergines qui continua pendant trente années encore de combattre les Sarrasins, et qui devint dans sa vieillesse vice-roi de Jérusalem (3).

Nous ne parlerons pas de la Croisade de 1270, où saint Louis

---

(1) Michaud, t. IV, 402; Joinville, 104.

(2) Joinville fut très-mal vu des barons à cause de cet avis. Ils l'appelaient *Poulain*, terme injurieux en Orient qui signifiait paysan. Pierre d'Avallon qui demeurait alors à Sur (Tyr), l'ayant appris lui manda : « Dites li que j'aimoie miex estre poulain que roncin recru aussi comme » ils estoient. » — Joinville, p. 91.

(3) Michaud, t. IV, 425, et Joinville.

trouva la mort, parce que nous n'avons pas trouvé que nos chevaliers bourguignons y aient pris part (1).

Ce fut la dernière des guerres saintes conduites par les rois de France. Son résultat malheureux découragea tout à fait les princes les plus résolus, et les Chrétiens d'Orient furent abandonnés à leur sort.

Les pèlerins continuèrent à porter leurs pas vers la Terre-Sainte, mais isolément (2). La sollicitude de la France et des chevaliers du Temple et de Saint-Jean de Jérusalem les y suivit; et, de siècle en siècle, le pieux souvenir des lieux où naquit le Sauveur du monde a conservé le pouvoir d'émouvoir les cœurs.

La protection des Chrétiens d'Orient fut longtemps un droit exclusif de la France; ce n'est que depuis l'abaissement du dernier siècle qu'elle a vu diminuer aussi cette prérogative gagnée au prix de son sang, et grandir au contraire les prétentions des nations schismatiques. — Dieu seul sait ce qui sortira des conflits dont cette question est le prétexte en ce moment; mais, quoi qu'il arrive, les hauts faits des pèlerins français du moyen-âge ne peuvent être effacés de l'histoire. Les royaumes et les principautés qu'ils ont fondés en Palestine sont

(1) Nous citerons cependant dans la liste des « chevaliers de l'ostel du roy pour la voye de Tunes, » conservée par Joinville, messire Pierre de Sens et Otes de Toncy, où il faut peut-être voir un sire de Toucy. — Joinville; Hist. de saint Louis, XXII.

(2) En 1260, un Auxerrois, nommé Pierre Barraud, voulut se rendre en Terre-Sainte pour y demeurer jusqu'à la fin de sa vie. Sa femme y consentit, et les deux époux firent le partage de leur mobilier et de leurs immeubles situés à Auxerre. — Lebeuf, Hist. d'Auxerre, 2ᵉ éd. Preuves, t. IV, n° 196.

tombés, mais non sans gloire pour leurs défenseurs; et l'on y rencontre encore à chaque pas, dans les villes de la côte (1) et sur les montagnes les plus sauvages, des vestiges de leurs châteaux-forts et de leurs monuments.

(1) On trouve encore sur la côte de la Syrie, et notamment à Saïda, des établissements et des édifices qui sont la propriété de la France.

QUANTIN,
Archiviste du département.

www.ingramcontent.com/pod-product-compliance
Lightning Source LLC
Chambersburg PA
CBHW060538050426
42451CB00011B/1783